SOCIÉTÉ DE SECOURS AUX BLESSÉS

DES ARMÉES DE TERRE ET DE MER

COMITÉ DÉPARTEMENTAL DE DIJON

CONFÉRENCES MÉDICALES

FAITES AUX

DAMES MEMBRES DE LA SOCIÉTÉ

PAR LE

Dr Francis BERNARD

MÉDECIN-MAJOR DE 2e CLASSE AU 27e RÉGIMENT D'INFANTERIE

1894-1895

DIJON

IMPRIMERIE-DARANTIERE

65, RUE CHABOT-CHARNY, 65

—

1896

CONFÉRENCES MÉDICALES

SOCIÉTÉ DE SECOURS AUX BLESSÉS
DES ARMÉES DE TERRE ET DE MER

COMITÉ DÉPARTEMENTAL DE DIJON

CONFÉRENCES MÉDICALES

FAITES AUX

DAMES MEMBRES DE LA SOCIÉTÉ

PAR LE

Dr Francis BERNARD

MÉDECIN-MAJOR DE 2e CLASSE AU 27e RÉGIMENT D'INFANTERIE

1894-1895

DIJON

IMPRIMERIE DARANTIERE

65, RUE CHABOT-CHARNY, 65

1896

PREMIÈRE CONFÉRENCE

Mesdames,

Appelé à l'honneur de traiter devant vous cette année les différentes questions médico-chirurgicales dont la connaissance doit vous mettre à même de remplir utilement votre noble mission, je tiens à vous dire, dès le début, que je me mets entièrement à votre disposition et que je me ferai toujours un véritable plaisir de vous faciliter votre courageuse entreprise.

Quand par delà les provinces perdues, nous irons reprendre nos drapeaux ; quand la France, appelant à elle tous ses enfants, fera œuvre de toutes ses forces vives ; quand vos fils, vos frères, vos époux auront passé la frontière, vous aussi, Mesdames, vous aurez votre rôle à remplir, vous aussi, vous serez, en quelque sorte, mobilisées.

La Patrie, confiante, vous présentera la note à payer ; elle vous réclamera la dette de dévouement que vous lui avez souscrite et vous ouvrira toutes grandes les portes de ses hôpitaux.

Quittant alors le calme et le luxe de vos intérieurs,

Travaillez et faites travaillez, car vous n'arriverez pas seules à parfaire votre tâche ; augmentez sans cesse vos approvisionnements, car c'est un gouffre que la guerre.

C'est pour vous préparer au rôle si important qui vous incombera le jour de la mobilisation que vous ne craignez pas de quitter vos occupations mondaines pour venir écouter ici des conférences techniques quelque peu rébarbatives, mais qui porteront certainement leurs fruits, le jour où vous payerez de votre personne pour la Patrie.

Pendant les années précédentes, vous avez abordé déjà bien des sujets et beaucoup parmi eux vous sont familiers : vous m'excuserez d'y revenir souvent, car les vérités ne perdent pas à être sans cesse répétées.

Une grande idée domine actuellement toute la thérapeutique-chirurgicale, c'est celle de l'antiseptie et de l'aseptie ; elle est née des belles recherches de Pasteur et de son école, et a révolutionné les méthodes de traitement. Nous la donnerons de nouveau en détail à sa place, car c'est de sa connaissance exacte que dépendent les succès chirurgicaux les plus inespérés et les plus hardis.

Sans doute, l'opérateur lui-même doit observer scrupuleusement les règles de la méthode ; mais il lui serait impossible de mener à bien son œuvre s'il n'était pas secondé par des aides intelligents absolument au courant de l'importance des moindres détails et ne négligeant rien pour arriver sans encombre au but proposé.

Vous savez que la suppuration est le fait d'un microbe ; on ignorait autrefois cette vérité et il était éta-

bli que toute plaie devait nécessairement suppurer,
on ne connaissait qu'à titre extraordinaire la réunion
par première intention, — or c'est la règle actuellement.

La suppuration entraînait des pansements fréquents,
quotidiens ou même bi-quotidiens. Un malade se
croyait d'autant mieux soigné qu'on changeait plus
souvent son pansement ; la nouvelle méthode a modifié tout cela ; les meilleurs pansements sont les pansements rares, et ils seront d'autant meilleurs qu'ils
peuvent rester plus longtemps en place.

L'idéal est d'arriver, ce qui n'est pas insolite, à obtenir la guérison sous un seul pansement. Nous verrons dans la suite quels sont les moyens propres à
obtenir ce résultat.

Nous passerons aussi en revue les différentes maladies qui règnent d'une façon épidémique et principalement celles qui frappent les armées en campagne :
la fièvre typhoïde, — *le typhus,* — *le choléra,* — *la
dysenterie,* — *les fièvres éruptives, telluriques ou pa-
ludéennes,* ainsi que celles qui, sans régner d'une façon épidémique, frappent un grand nombre d'hommes
à la fois, et par leur fréquence, sont une cause de haute
mortalité. Nous citerons parmi ces dernières la tuberculose sous toutes les formes, — la pleurésie, —
le rhumatisme, etc.

Ces descriptions nous amèneront à vous dire quelques mots de la contagion et des moyens employés
dans les armées et dans les hôpitaux surtout, pour
prévenir la dissémination de ces maladies.

Enfin nous aborderons le point qui vous intéresse
plus spécialement, celui qui traite des soins à donner

aux blessés, en géréral, et dans les cas particuliers ;
nous étudierons successivement les contusions, les
plaies, les hémorrhagies, les lésions articulaires, les
fractures, les blessures des organes internes, etc.,
ainsi que les procédés de déligation habituellement
mis en usage.

Nous ne craindrons pas de descendre jusqu'aux
moindres détails ; nous étudierons ensemble les moyens
qu'il convient d'employer pour le transport des malades et blessés ; nous présiderons à leur installation
dans un lit d'hôpital, nous décrirons les mesures à
prendre en vue d'une opération et nous passerons en
revue les soins divers que peuvent nécessiter les circonstances.

Mais, avant de rien entreprendre, il nous semble
qu'il serait bon de connaître le terrain sur lequel nous
allons opérer et ce terrain c'est l'homme lui-même.
Qu'est-ce donc que l'homme au point de vue physi-
que ? — Comment est-il constitué ? — Comment fonc-
tionnent ses organes ?

Telles sont les questions d'anatomie et de physio-
logie que nous allons tout d'abord résoudre.

Je ne m'attarderai pas à vous faire une description
minutieuse du corps humain. Ce que je veux, c'est
vous donner une vue d'ensemble à laquelle vous vous
reporterez de vous-mêmes par la pensée chaque fois
qu'il sera question d'une région à propos soit d'une
plaie pénétrante, soit d'une fracture, soit d'un simple
procédé de déligation mis en pratique sur le manne-
quin.

Je vous montrerai également d'une façon succincte
quel est le fonctionnement des organes internes ap-

pelés aussi splanchniques et de la connaissance de leur rôle découlera pour vous l'importance de leur lésion.

L'homme est comme vous le savez un mammifère de l'ordre des primates, famille des bimanes. Le genre humain a été divisé en sept espèces et en un nombre assez considérable de races. Cette classification n'a du reste rien d'absolu et ne nous arrêtera pas.

Suivant la forme de la tête, on a séparé les hommes en dolichocéphales ou têtes longues et en brachycéphales ou têtes courtes; en orthognathes ou à mâchoire droite et en prognathes, ou à mâchoire proéminente (nègres).

On les a encore divisés suivant la valeur de l'angle facial; cet angle, en effet, se rapproche de l'angle droit chez certaines races — les plus élevées dit-on — et devient d'autant plus aigu que la race est elle-même plus inférieure.

Cette affirmation résulte de ce fait, souvent constaté du reste, que les races sont d'autant plus intelligentes que leur masse cérébrale est plus volumineuse.

N'oublions pas cependant que ce qui fait la valeur d'un cerveau ce n'est pas sa trame conjonctive qui peut être plus ou moins pesante, mais la qualité de la substance nerveuse qu'elle englobe.

Quoi qu'il en soit nous ne nous attarderons pas à étudier les caractères spéciaux à chaque espèce ou à chaque race, et nous décrirons l'homme en général.

L'anatomie qui tire son nom d'un mot grec qui signifie « dissection » est la science qui étudie la forme et la structure des corps organisés et de leurs parties constituantes (Beaunis et Bouchard).

Nous laisserons tout à fait de côté l'anatomie cellulaire, c'est-à-dire celle qui traite de la composition même des tissus dont nous sommes formés.

L'anatomie descriptive du corps humain comprend l'étude :

> Des os ;
> Des articulations ;
> Des muscles ;
> Des vaisseaux ;
> Des nerfs ;
> Des organes splanchniques ou internes ;
> Des organes des sens.

Ajoutons-y l'embryogénie ou étude du développement de l'homme depuis la conception jusqu'à l'état parfait.

Le corps humain se divise en deux moitiés à peu près symétriques, il comprend le torse ou tronc et les membres.

Le torse est composé lui-même de différentes parties qui sont : la tête, le cou et le tronc proprement dit.

La tête, un peu plus petite d'habitude chez la femme que chez l'homme, se divise en crâne et face.

Le crâne est la boîte osseuse qui renferme le cerveau et le cervelet ; sa forme varie comme je vous l'ai dit tout à l'heure ; de là, la division des races en brachycéphales (têtes courtes) et dolichocéphales (têtes longues).

Quand ses proportions sont par trop petites le cerveau s'atrophie et l'on a l'état connu sous le nom de microcéphalie.

Quand le liquide dans lequel baignent les centres nerveux vient à être trop abondant, il distend dans le jeune âge la boîte crânienne, comprime le cerveau qui s'atrophie et produit cet aspect caractéristique que l'on a appelé hydrocéphalie : la tête trop grosse et trop lourde pour le corps oscille autour de son point d'attache et ne peut être tenue dans la rectitude.

Vous savez que le crâne n'est pas formé d'un seul os, mais de la réunion de plusieurs, maintenus en relations par des sutures, véritable engrenage qui assure la solidité du système.

A la naissance, les os ne sont point soudés encore ; il existe même en divers points et particulièrement au sommet de la tête, un losange formé seulement par le cuir chevelu et de simples membranes, au niveau duquel on sent les mouvements d'élévation et d'abaissement du cerveau ; — ces points s'appellent les fontanelles. Toutes les mères connaissent du reste cette disposition.

On en distingue six, — leur ossification est achevée à une époque variant de 15 mois à 3 ans.

Je ne vous dirai rien de la face que tout le monde connaît suffisamment.

La tête est supportée par la colonne vertébrale dans l'intérieur de laquelle se trouve la moelle qui se continue directement avec le cerveau ; ce dernier peut en être considéré comme l'épanouissement.

Le cou relie la tête au tronc ; son squelette comprend sept vertèbres dont la dernière est appelée proéminente ; il est plutôt cylindrique chez la femme, prismatique chez l'homme.

Il contient les parties supérieures des voies respiratoires ; larynx et trachée-artère et l'origine du tube digestif représentée par le pharynx ou arrière-bouche et l'œsophage par lequel les aliments sont transportés dans l'estomac. Il abrite également de gros vaisseaux, les carotides, dont les blessures sont le plus souvent mortelles.

Le tronc comprend le thorax, l'abdomen, le bassin.

Le thorax ou poitrine dans son ensemble a une forme inverse de celle de la cage thoracique. En effet, la poitrine, à première vue, ressemble à un tronc de cône dont la base serait en haut et la petite section à la taille, point rétréci. C'est une disposition absolument inverse que présente la cage thoracique.

Celle-ci, qui contient les poumons et le cœur, a la forme d'un tronc de cône ou plus exactement d'une pyramide quadrangulaire à base inférieure et aplatie d'avant en arrière.

Ce sont les parties molles et la présence des omoplates revêtues des muscles qui actionnent le scapulum ou épaule, qui intervertissent ainsi les dimensions de cette importante partie du corps.

La cage thoracique proprement dite est composée de douze vertèbres auxquelles sont articulées douze paires de côtes. Celles-ci se réunissent en avant à une partie osseuse unique qu'on appelle le sternum.

La clavicule relie le sternum à l'omoplate.

Les différences sexuelles du thorax sont très prononcées, indépendamment du volume même des glandes mammaires chez la femme. Tous les diamètres sont en effet plus faibles chez cette dernière.

Le sternum, au lieu d'être incliné comme chez l'homme de bas en haut et d'avant en arrière, est presque dans la verticale et le point le plus large du diamètre antéro-postérieur est très notablement surélevé. Au lieu de correspondre à l'appendice xyphoïde (creux des cordonniers) il tombe au milieu même de cet os.

La respiration est chez la femme costale supérieure, ce qui veut dire que la femme respire surtout avec le haut de la poitrine (admirable prévision de la nature en vue d'éviter la compression de l'utérus pendant la gestation); elle est abdominale chez l'homme qui respire surtout avec son diaphragme. C'est ce dernier muscle tendu comme un voile à la partie inférieure de la cage thoracique qui sépare la poitrine de l'abdomen. Il est traversé par l'œsophage qui met la bouche en communication avec l'estomac et par les gros vaisseaux qui se rendent au cœur ou en reviennent.

L'abdomen ou ventre s'étend de la poitrine au bassin.

Il comprend dans son intérieur l'estomac, la masse intestinale (intestin grêle et gros intestin), le foie, à droite sous les côtes, la rate à gauche en une position symétrique, enfin, les reins, profondément placés de chaque côté de la colonne vertébrale et situés en dehors du péritoine qui enveloppe tous les organes énumérés ci-dessus.

Le soutien de l'abdomen est encore la colonne vertébrale composée ici de cinq vertèbres appelées lombaires.

Le bassin, situé au-dessous de la région abdominale, présente des différences notables suivant les sexes ; beaucoup plus large chez la femme en raison de ses fonctions spéciales, il est composé d'une solide ceinture osseuse, mince en avant, large en arrière et sur les côtés.

Il comprend les deux os iliaques, os des hanches ou os des îles, réunis en arrière par le sacrum à l'extrémité duquel se trouve un petit os mobile surtout chez la femme ; le coccyx ; le sacrum se compose lui-même de cinq vertèbres soudées entre elles et le coccyx de trois, — ce qui porte à trente-un le nombre total des vertèbres constituant la colonne vertébrale.

Le point où les deux os iliaques se réunissent en avant s'appelle le pubis, le point sur lequel porte le corps dans la station assise se nomme ischion.

C'est dans le bassin que se trouvent certains organes variant suivant les sexes ainsi que la vessie.

Il nous reste à passer en revue les membres.

On les divise en supérieurs et inférieurs.

Le membre supérieur comprend l'omoplate appliquée à la partie postéro-supérieure du thorax à la façon d'une aile véritable. C'est le principal soutien des muscles de l'épaule chargé de maintenir les membres solidement fixés au thorax. Ces muscles prennent également un point d'appui sur la clavicule, le sternum et les côtes.

Quand le bras pend naturellement le long du corps, l'extrémité des doigts arrive un peu en dessous du milieu de la cuisse ; la main est dans une position intermédiaire à la pronation et à la supination.

On dit que la main est en pronation quand c'est le dos qui regarde en haut et en supination dans le cas contraire.

La région de l'aisselle abrite de gros vaisseaux et

des troncs nerveux très importants ; leur blessure est fort grave.

Le bras est compris entre l'épaule et le coude ; il ne contient qu'un seul os : l'humérus, dont la consolidation est souvent difficile à obtenir dans le cas de fracture.

On obtient alors une pseudarthrose, c'est-à-dire une fausse articulation, conséquence d'un cal fibreux manquant de la rigidité nécessaire. Nous verrons plus tard à quoi est dû ce phénomène.

Une artère très importante traverse cette région : c'est l'artère humérale. Comme elle chemine parallèlement à un plan osseux, il est facile de la comprimer à la partie interne du bras, où on en sent parfaitement les battements au-dessous du muscle biceps.

Le pli du coude relie le bras à l'avant-bras. C'est une région qui offre un grand intérêt en raison du nombre des blessures dont elle est le siège et de leur gravité tant à cause des hémorrhagies très sérieuses qu'on y observe que par suite des lésions des troncs nerveux ou de l'articulation elle-même.

Nous arrivons, en descendant, à l'avant-bras. Nous retiendrons que son squelette est composé de deux os : le radius en dehors, du côté du pouce, et le cubitus en dedans, du côté du petit doigt ; les deux os qui sont parallèles entre eux dans la supination se croisent dans la pronation.

Deux artères importantes sont à signaler dans cette région ; c'est la radiale, en dehors (celle que l'on a sous le doigt quand on tâte le pouls) et la cubitale en dedans.

Le poignet est situé entre l'avant-bras et la main.

Sa grande mobilité est due aux nombreuses articulations qui le composent. Il est très rarement atteint d'entorse ; la plupart des lésions que le public qualifie d'ordinaire de ce nom, étant de véritables fractures de l'extrémité inférieure du radius sans déplacement. Cet accident est très souvent le résultat d'une chute, les mains étant portées en avant et supportant brusquement, au moment de leur contact avec le sol, tout le poids du corps dont la valeur est alors représentée par la masse multipliée par la vitesse.

La main est un instrument admirable par sa mobilité, sa souplesse, sa sensibilité exquise, l'éducation qu'elle est susceptible de recevoir et les nombreux services qu'elle nous rend à tout instant.

Elle est composée de cinq os, rangés en éventail et que l'on appelle les métacarpiens ; ils se soutiennent les uns les autres et se servent mutuellement d'attelles quand l'un d'eux vient à être fracturé.

Ils s'articulent avec les doigts qui sont composés eux-mêmes de plusieurs segments appelés : phalange, phalangine, phalangette. Ces dernières sont protégées à leurs extrémités par les ongles.

Arrivons maintenant à l'étude des membres inférieurs.

Ils sont, du reste, les analogues des membres supérieurs que nous venons de passer en revue.

Ils comprennent : la hanche, le pli de l'aine, la cuisse, le genou, la jambe et le cou-de-pied.

La hanche a été signalée déjà quand nous avons parlé du bassin.

Le pli de l'aine est cette région intermédiaire située entre le ventre et la cuisse.

C'est là qu'on observe les hernies résultant de la pénétration d'une anse intestinale ou d'une partie du mésentère (vulgairement appelé toilette) à travers les anneaux naturels.

Quand l'intestin est comprimé circulairement en ce point, les matières ne peuvent plus cheminer et la cirlation s'arrête. Il en résulte un véritable étranglement. Vous savez qu'il faut se hâter en pareil cas et que si les tentatives de refoulement ont échoué, le chirurgien doit agrandir au plus vite au bistouri l'anneau inguinal ou crural suivant le cas et faire rentrer dans le ventre l'anse étranglée (si celle-ci toutefois est saine encore) ; si elle est déjà mortifiée, il faut la sacrifier sans remords et établir un anus contre nature.

Au pli de l'aine, les vaisseaux et les nerfs sont presque superficiels. Les blessures de cette région sont par suite de cette disposition anatomique très dangereuses.

La cuisse est solidement articulée au bassin. La tête du fémur roule dans une cavité sphéroïde creusée dans l'os des îles et y est retenue par un fort ligament, le ligament rond. C'est la pression atmosphérique qui assure l'application hermétique de la tête du fémur dans la cavité cotyloïde.

C'est dans cette articulation que se passent les phénomènes morbides qui constituent la coxalgie.

On sent à 15 centimètres environ au-dessous de la saillie de la hanche un point osseux qui se mobilise avec la cuisse dans ses mouvements et que l'on appelle le grand trochanter.

Cette saillie osseuse, presque sous-cutanée, est exposée de ce fait aux chocs directs.

Comme le bras, la cuisse possède un os unique. On

a souvent l'occasion en chirurgie de guerre de comprimer l'artère fémorale à la partie interne du membre. Cette compression est assez facile en raison du plan osseux sous-jacent.

Le genou est l'analogue du coude. Il est constitué par l'articulation du fémur (os de la cuisse) avec le tibia, os principal de la jambe. Un os contenu dans l'intérieur d'un tendon ferme cette boîte en avant et la protège. C'est la rotule. Au coude cet os n'existe pas, à proprement parler; il est remplacé par un prolongement postérieur du cubitus, appelé olécrâne. Cette apophyse est exposée à des chocs directs et souvent fracturée.

Vous savez combien sont fréquents les épanchements de synovie qui se produisent à la suite d'un traumatisme quelconque, d'une chute sur le genou, par exemple. Cette affection ne doit jamais être négligée car elle devient facilement chronique et peut, si le terrain est mauvais, dégénérer en tumeur blanche dont vous connaissez la gravité.

La jambe contient deux os : le tibia en dedans et le péroné en dehors.

Le tibia, par suite de sa situation superficielle, est exposé à des contusions fréquentes ainsi qu'à des fractures.

On dit qu'il y a fracture de la jambe, quand les deux os sont brisés et fracture du tibia ou du péroné si un seul de ces os est atteint.

Les artères y sont profondément situées et relativement peu exposées. Elles peuvent être cependant déchirées par les fragments osseux dans le cas de fracture esquilleuse.

Le cou-de-pied est le poignet de la jambe. Il se prête aux mêmes considérations ; j'en dirai autant du pied par rapport à la main.

Souvenez-vous cependant qu'en dehors des blessures de guerre, cette région est le siège de nombreuses lésions : telles que fracture, entorse, congélations, phlegmons et lymphangites, consécutifs aux excoriations produites par la chaussure pendant les marches.

Telles sont les considérations anatomiques que j'ai cru devoir vous soumettre dans cette première conférence ; elles se présenteront naturellement à votre esprit quand nous étudierons ensemble les blessures des différentes régions et vous indiqueront immédiatement dans chaque cas particulier l'organe important à ménager.

Mais je m'aperçois, Mesdames, que j'ai abusé de votre bienveillante attention ; vous avez été d'autant plus aimables de me l'accorder que le sujet était par lui-même plus ardu.

Mon excuse sera dans le grand désir que j'ai de vous être utile.

Dr F. BERNARD.

Dijon, 21 décembre 1894.

DEUXIÈME CONFÉRENCE

Mesdames,

Dans la dernière séance j'ai eu l'honneur de vous parler du corps humain en général, je vous ai montré son squelette, je vous ai décrit succinctement les différentes régions qui le composent et à propos de chacune d'elles, je vous ai indiqué les particularités qui peuvent plus spécialement vous intéresser.

J'ai à peine nommé les organes qui se trouvent inclus dans ses cavités, je veux aujourd'hui vous en dire quelques mots et vous faire connaître leurs fonctions avant d'aborder les questions spéciales qui vous intéresseront plus particulièrement.

Dans la boîte crânienne se trouvent inclus le cerveau et le cervelet.

Le cerveau est le plus important de nos centres nerveux, il est composé de deux hémisphères symétriques ; son poids moyen est de 1250 grammes, la substance qui le compose est blanche à l'intérieur et grise à l'extérieur, on remarque à sa surface de nombreuses circonvolutions. Vous savez qu'on détermine par l'expérience les points qui président plus particulièrement aux différentes fonctions de cet organe. Ainsi on connaît exactement les limites du centre de la parole. Lorsque après une attaque la petite artère qui irrigue cette région est oblitérée, on observe ce qu'on appelle de l'aphasie c'est-à-dire l'impossibilité absolue pour le malade de traduire ses idées par la parole. Il y a du reste différentes sortes d'aphasie que je ne m'attarderai pas à décrire ici.

On connaît également les points qui correspondent aux centres moteurs du membre supérieur droit par exemple, de la mâchoire, etc., et il suffit d'exciter ces différents points au moyen d'une aiguille mise en relation avec une source électrique pour produire invariablement le même mouvement en dehors de la volonté de l'animal en expérience.

Si je vous cite ces phénomènes, c'est pour que vous puissiez dès maintenant vous rendre compte des services que leur connaissance peut rendre au chirurgien qui va presque à coup sûr trépaner le crâne au point convenable pour évacuer un abcès, enlever une esquille osseuse ou même une balle qui, comprimant le cerveau, agissent comme le courant électrique dont je vous parlais tout à l'heure.

Le rôle du cerveau n'est pas limité à des fonctions motrices et sensorielles ; c'est lui qui préside à l'idéation et, à ce titre, il prend également le premier rang parmi nos centres nerveux.

Le cerveau réagit très différemment suivant les individus et les circonstances.

Dans certains cas la moindre lésion provoque une

mort rapide, d'autres fois, sans raison connue, un abcès volumineux se forme silencieusement et évolue sans créer de réaction ; la substance nerveuse, si irritable d'habitude, tolère quelquefois en effet sans protester un corps étranger tel qu'une lame de couteau, une esquille osseuse ou même un projectile.

On a vu réséquer, à la suite de l'arrachement d'une partie du crâne par un éclat d'obus, une masse plus ou moins volumineuse de matière cérébrale herniée, sans que rien de particulier ne se montrât chez le blessé.

Mais disons-le de suite, ces phénomènes sont rares et le tissu cérébral est d'habitude fort chatouilleux.

En arrière du cerveau se trouve le cervelet dont le premier est séparé par une toile fibreuse. Cet organe est regardé généralement comme le régulateur des mouvements ordonnés par le cerveau. Sur une coupe longitudinale on remarque un tronc duquel partent différentes branches et rameaux qui constituent ce que l'on a appelé l'arbre de vie.

Tous deux sont enveloppés par des membranes appelées méninges ; leur inflammation constitue la méningite. Celle-ci peut être due à un traumatisme, à une blessure par exemple ou à une cause d'origine interne, telle que la tuberculose. C'est ce qui arrive le plus communément chez les enfants atteints de méningite.

Le cerveau est pour ainsi dire le couronnement de l'axe cérébro-spinal ; il peut être considéré comme l'épanouissement de la moelle avec laquelle il se continue par le bulbe dont la moindre blessure est immédiatement mortelle. C'est la connaissance de ce fait qui a servi de base à un procédé rapide d'abattage des animaux de boucherie, procédé qui consiste à les tuer instantanément en leur enfonçant une aiguille au niveau du bulbe en un point spécial de la nuque.

La moelle épinière est contenue dans le canal central que constituent les vertèbres ; je vous l'ai montré dans la dernière séance.

Les nerfs centrifuges sont des cordons partant du cerveau ou de la moelle pour se rendre à nos différents organes et qui se comportent comme des fils électriques chargés de transmettre l'influence centrale qui se manifeste à la périphérie sous forme de sécrétion ou de mouvement.

De nos organes partent également des nerfs appelés nerfs centripètes qui apportent aux centres les impressions extérieures. Ce sont les nerfs de la sensibilité générale ou spéciale. C'est par eux que nous sentons, que nous voyons, que nous entendons et que nous souffrons.

Mais n'insistons pas davantage sur notre système nerveux et passons maintenant à l'étude des organes contenus dans la poitrine, je veux parler des poumons et du cœur.

Les poumons sont au nombre de deux : le droit et le gauche.

A leur intérieur s'épanouissent les bronches ou conduits amenant l'air inspiré. Celles-ci se terminent par des cellules appelées « alvéoles pulmonaires », au niveau desquels se fait la transformation du sang veineux en sang artériel, phénomène que nous étudierons tout à l'heure.

L'irritation des bronches produit la bronchite qui se traduit par une sensation de cuisson au niveau de la partie antérieure de la poitrine, par de la toux et une expectoration plus ou moins épaisse.

Lorsque le tissu pulmonaire lui-même est atteint, il y a pneumonie ou si vous aimez mieux fluxion de poitrine. Il s'agit dans ce cas toujours d'une invasion microbienne.

Les poumons, qui dans l'acte de la respiration, se gonflent et se dégonflent tour à tour, glissent dans un sac membraneux qu'on appelle la plèvre. Son irritation constitue la pleurésie qui peut être sèche ou accompagnée d'épanchement. Je vous signalerai en passant que cette maladie est presque toujours le signe d'une diathèse tuberculeuse.

Entre les poumons, dans une poche spéciale appelée « le péricarde », se meut le cœur, obliquement couché dans la poitrine et dont la pointe vient affleurer sous le sein gauche à l'état normal. C'est l'organe central de la circulation, il est creux et est composé de deux moitiés qui constituent le cœur droit et le cœur gauche ; chacune d'elles présente deux cavités, une supérieure, l'oreillette, une inférieure, le ventricule.

Maintenant que nous connaissons les poumons et le cœur, le moment est venu de vous dire quelques mots de la circulation et de la respiration.

Le système circulatoire comprend le cœur, les artères, les capillaires et les veines ; le sang n'est pas, comme on le croyait autrefois, immobile dans nos canaux. Il circule comme on peut s'en rendre compte en examinant sous le microscope la membrane interdigitale d'une patte de grenouille. On voit très nettement le globule sanguin progressant toujours dans le même sens.

Le sang décrit dans notre corps un circuit fermé. Prenons-le à sa sortie du ventricule gauche, au moment où il vient d'être revivifié. Il est chassé dans l'aorte et de là distribué par les artères à tous les organes du corps ; les artères se divisent de plus en plus et se continuent au niveau de nos tissus par de petits canaux, véritables espaces intercellulaires qui sont les capillaires. Là le sang occupe une surface considérable ; sa pression diminue et il se dépouille, au profit des éléments anatomiques, de toutes ses propriétés vivifiantes. Il est alors repris par l'origine des veines et est péniblement charrié dans des canaux de plus en plus volumineux jusqu'au centre des poumons où il doit se transformer. Il est alors chargé de tous les déchets de l'organisme et est saturé d'acide carbonique ; sa couleur est foncée, noirâtre ; à la section d'une veine il s'écoule en jet continu, ce qui le distingue du sang artériel qui est rutilant et qui dans les mêmes conditions s'échapperait sous une forte pression en un jet intermittent. Le sang, qui provient directement des capillaires, offre une teinte intermédiaire entre les deux précédentes et s'écoule en bavant.

Le sang veineux de tout le corps se réunit dans une grosse veine qui se déverse dans le cœur droit ; celui-ci le rejette par l'artère pulmonaire jusque dans les poumons et là, au niveau des alvéoles pulmonaires, il se débarrasse de son acide carbonique qui est exhalé par la respiration comme il est facile de s'en convaincre au moyen d'une expérience très simple, se charge de l'oxygène contenu dans l'air inspiré et redevient apte à entretenir de nouveau la vie de nos tissus. Il est dirigé vers le cœur gauche par les vei-

nes pulmonaires et de là lancé par le ventricule dans
l'aorte qui le distribue à tous nos organes comme nous
l'avons vu tout à l'heure.

Tel est ce phénomène si remarquable de la circulation du sang découvert par Harvey, médecin anglais
qui vivait sous Charles Ier. Avant lui on pensait à tort
que l'organisme était baigné par le sang comme par
un vaste lac intérieur calme et toujours immobile, or
il n'en est rien, ce lac a ses tempêtes (quand nous
avons la fièvre par exemple) ; il a ses rapides et ses
points morts ; son courant varie à tout instant sous
des influences multiples qu'il serait trop long d'étudier ici.

Des données précédentes vous déduirez facilement
l'importance relative des blessures de nos vaisseaux.
Si une artère de gros calibre vient à être ouverte —
par un coup de sabre, — le sang s'échappe avec vio-
lence en un jet saccadé. Le cœur, tant qu'il en rece-
vra, poussera ce sang dans l'artère ouverte et si un
secours immédiat n'est pas apporté au blessé, la mort
par hémorragie ne tardera pas à se produire. Vous
savez que c'est là le mécanisme le plus fréquent de la
mort sur les champs de bataille. Si l'artère est moins
importante, au contact de l'air, un coagulum ne tardera pas à se former et si aucun mouvement malen-
contreux du blessé ne vient à le chasser, l'écoulement
du sang s'arrêtera et les brancardiers ou le médecin
auront le temps d'intervenir d'une façon plus efficace.

Les blessures des veines ne donnent pas lieu en général à de graves hémorrhagies. L'ouverture des
grosses veines du cou est cependant très dangereuse
car si l'air qui est pour ainsi dire aspiré par elles vient

à pénétrer dans leur cavité, des accidents mortels ne tarderont pas à se produire.

L'ouverture des capillaires donne lieu à un écoulement lent qui, s'effectuant par des orifices très étroits, ne comporte le plus souvent aucune gravité. La pression sanguine étant à ce niveau presque nulle et d'autre part la surface étant considérable, le caillot se fait très vite et l'hémorrhagie s'arrête d'elle-même.

Vous connaissez maintenant les signes qui vous permettront de reconnaître si vous avez affaire à du sang artériel, veineux ou provenant des vaisseaux capillaires ; cette notion vous conduira de suite aux moyens propres à arrêter l'hémorrhagie. Le sang artériel est poussé vers la périphérie par le cœur ; donc si vous voulez en arrêter l'écoulement vous appliquerez sur le trajet de l'artère une compression méthodique au moyen du garrot ou du tourniquet entre le point blessé et le cœur.

S'il s'agit d'une hémorrhagie veineuse, vous vous rappellerez que le sang noir provient des tissus et se rend au cœur, vous comprimerez donc entre la blessure et les extrémités.

Quant aux écoulements de sang provenant des capillaires, vous n'oublierez pas qu'ils se font en nappe et qu'une simple compression au point lésé suffit à en arrêter l'écoulement.

Tels sont les enseignements pratiques qui découlent de la connaissance exacte du phénomène naturel de la circulation du sang.

Passons maintenant à l'étude du tube digestif.

Les aliments introduits dans la bouche y subissent déjà différentes transformations. Ils sont divisés par les dents, imbibés de salive, et déjà, par ce fait, un peu digérés. Le bol alimentaire, guidé et conduit par la langue, est poussé dans le pharynx, saisi par l'œsophage et amené dans l'estomac. Vous avez certainement remarqué que, quand le médecin veut se rendre compte de l'état du tube digestif d'un malade, il lui fait tirer la langue. C'est que cet organe est véritablement, comme on l'a dit, le miroir de l'estomac. Est-il rosé, frais, humide — tout va bien de ce côté. Constate-t-on de l'empâtement, des fuliginosités, un enduit blanchâtre ou jaunâtre, une teinte anormale quelconque, on peut être sûr que quelque chose d'insolite se passe, que les sécrétions sont modifiées et que la digestion ne se fait pas comme à l'état normal. Il existe d'ailleurs toujours dans ce cas de l'anorexie, c'est-à-dire un manque plus ou moins grand d'appétit. La prévoyante nature nous met ainsi malgré nous en garde contre nous-mêmes, car le tube digestif envahi par l'ennemi a assez à faire de se défendre et ne peut perdre son temps à digérer.

Les aliments sont dans l'estomac, ils entrent par un orifice étroit appelé cardia, demeurent plus ou moins longtemps dans la poche stomacale où ils sont attaqués par le suc gastrique riche en acide chlorhydrique et par la pepsine sécrétée par des glandes spéciales ; ils passent par un autre détroit appelé pylore et entrent dans l'intestin. Là ils cheminent lentement et comme par étapes, font séjour successivement dans les différentes portions de l'intestin grêle où ils subissent l'influence de la bile qui provient du foie et du suc pancréatique qui est sécrété par le pancréas. C'est à ce niveau que se fait, par les orifices lymphatiques,

l'absorption des sucs aptes à notre nutrition ; les vais
seaux chylifères transportent ce liquide dans le système
veineux et c'est ainsi que notre sang s'enrichit de prin-
cipes solides, vivifiants puisés dans le tube digestif
avant de se régénérer complètement au niveau des
alvéoles pulmonaires par l'élimination de l'acide carbonique qu'il charrie et par l'absorption d'oxygène.

Au moment où le bol alimentaire arrive au termi-
nus de l'intestin grêle, il est à peu près dépouillé de
tous ses éléments nutritifs ; il entre alors dans le gros
intestin où il est épuisé à fond et réduit à une masse
inutile, faite de déchets et qui doit être expulsée dans
le plus bref délai car elle devient rapidement pour
nous un véritable poison.

De là découle la nécessité de surveiller de très près
cette alimentation et principalement chez les malades
car l'absorption des produits toxiques créés au niveau
du gros intestin peut avoir pour eux les conséquences
les plus importantes.

Notons en passant que c'est dans l'intestin grêle
que se localise la lésion qui caractérise la fièvre typhoïde et que c'est pour cette raison que la pression
dans le flanc droit est douloureuse chez les malades
atteints de cette affection.

Le gros intestin est ulcéré dans la dysenterie et
souvent dans la tuberculose. Les selles sont alors muqueuses ou muco-purulentes, sanglantes et graisseu-
ses. Il existe en même temps du tenesme rectal et des
douleurs assez vives dans le ventre.

Dans l'abdomen nous trouvons encore deux grosses
glandes dont les fonctions sont des plus importantes.
Je veux parler du foie et de la rate.

Toutes deux sont chargées de faire du sang, le foie confectionne en outre la bile, qui, en dehors de son action particulière dans la digestion des graisses, est dit-on microbicide et remplit les fontions de balayeuse de l'intestin.

Ces deux glandes se tuméfient, deviennent douloureuses dans toutes les maladies infectieuses : dans la fièvre typhoïde par exemple et surtout dans la malaria ou fièvre des marais.

On observe quelquefois une obstruction des canaux biliaires et alors l'ictère se produit, c'est ce qu'on appelle la jaunisse, dans ce cas la bile, au lieu de s'écouler dans l'intestin, passe dans le sang ; — les conjonctives elles-mêmes sont imbibées de bile et le malade voyant comme à travers un verre coloré voit tout en jaune. Les selles sont alors blanchâtres, décolorées. Quand cette obstruction est due à un simple boursouflement de la muqueuse, les accidents ne vont pas, en général, plus loin ; il en est autrement quand il s'agit de concrétions calculeuses qui ne cheminent qu'avec la plus grande difficulté et provoquent des douleurs parfois intolérables. C'est ce qu'on appelle la colique de foie, qui ne prend fin que quand le calcul, déchirant souvent la muqueuse des canaux biliaires, arrive à tomber dans l'intestin. On peut alors le retrouver dans les selles.

Le pancréas, dont je vous ai cité le nom tout à l'heure, sécrète un suc particulier indispensable à la digestion. L'altération de cet organe paraît jouer un rôle important dans la production du diabète.

Les reins sont placés de chaque côté de la colonne vertébrale en dehors du péritoine ; ils ont la forme de gros haricots et font l'office de véritables filtres à travers lesquels passe le sang qui se dépouille à ce niveau de la plus grande partie de ses déchets. C'est ainsi que se forme l'urine qui descend par les uretères dans la vessie où elle est gardée plus ou moins longtemps avant d'être éliminée. Les reins, comme le foie, contiennent assez souvent des calculs. Leur élimination se prête à des considérations analogues à celles qui ont été citées tout à l'heure pour le premier de ces organes.

On est quelquefois obligé d'aller les enlever au milieu même des reins, par une opération appelée la néphrotomie et qui consiste à pénétrer jusqu'à cet organe par une ouverture pratiquée dans le dos au niveau de la région rénale.

Quand les calculs sont tombés dans la vessie, ou s'y sont produits, on peut les extraire par la taille ou en les brisant au moyen d'instruments spéciaux.

Je vous ai dit que le rein est un filtre ; quand il est malade il ne fonctionne pas comme d'habitude et il laisse souvent passer des liquides qu'il devrait arrêter. Ainsi à l'état normal l'albumine ne filtre pas à travers les éléments du rein ; dans certains états pathologiques, au contraire, elle n'est plus arrêtée et est alors éliminée avec l'urine dans laquelle on peut la reconnaître par des moyens physico-chimiques très simples. Cette déperdition a une très grande importance et doit être très soigneusement combattue par le régime lacté exclusif et les médicaments appropriés.

Tous les organes contenus dans l'abdomen sont comme enfermés dans un sac membraneux que l'on appelle le péritoine. Cet organe très chatouilleux chez

l'homme, peu sensible chez le chien, s'enflamme facilement et son inflammation constitue ce qu'on appelle
la péritonite. Elle est beaucoup plus fréquente chez la
femme que chez l'homme en raison de la fréquence
même de l'inflammation des organes spéciaux contenus dans son bassin. Elle est due quelquefois à une
lésion de l'appendice iléo-cœcal qui se trouve dans la
fosse iliaque droite et le plus souvent à la présence
des tubercules qui, après les poumons, affectionnent
tout particulièrement cette région.

Autrefois, avant la période antiseptique, on n'osait
pas toucher au péritoine et toute lésion de cet organe
était à peu près considérée comme fatale ; aujourd'hui
que l'aseptie et l'antiseptie sont venues nous prêter
leur puissant concours, on n'hésite plus à ouvrir le
ventre pour aller suturer un intestin ouvert, réséquer
une certaine étendue de viscère ou enlever même en
entier des organes malades dont le fonctionnement
défectueux compromet l'existence ou rend la vie in-
supportable. C'est ainsi qu'à la suite d'un coup de
pied de cheval ayant atteint le ventre, on doit, dès les
premiers symptômes de péritonisme, aller voir du
doigt et de l'œil ce qui se passe, de façon à apporter
immédiatement le remède nécessaire avant qu'il ne
soit trop tard. Sur le champ de bataille, il sera difficile de faire ainsi la laparatomie aux blessés qui auront reçu une balle dans l'abdomen ; la plupart du
temps, s'ils ne peuvent être relevés de suite, ils mourront
sur place ; si au contraire, par suite des hasards du
combat, ils ont la chance d'être relevés à temps, une
opération hardiment conduite et effectuée aseptique-
ment à l'ambulance pourra leur sauver la vie.

J'ai terminé, Mesdames, l'étude succincte que je voulais faire avec vous de l'homme au point de vue anatomique et physiologique. Maintenant que vous connaissez bien le terrain sur lequel vous serez appelées à opérer, nous pourrons aborder les questions spéciales et dans la prochaine conférence je me propose de vous parler d'un sujet d'une importance capitale qui a assuré le triomphe de la chirurgie moderne. Je veux parler de l'antiseptie et de l'aseptie. Je profiterai de l'occasion pour vous dire quelques mots des microbes et du rôle important qu'ils jouent dans le fonctionnement de notre organisme.

Dr F. BERNARD.

Dijon, 18 janvier 1895.

TROISIÈME CONFÉRENCE

Mesdames,

Avant de vous parler des procédés mis en usage actuellement dans le pansement des blessures de toute espèce, je crois qu'il est indispensable de vous mettre sous les yeux le tableau succinct de nos connaissances relatives à l'étiologie microbienne de la plupart des grands processus morbides. C'est à elles, en effet, que la chirurgie moderne est redevable de ses brillants succès.

Vous savez qu'autrefois on admettait, faute de mieux, la génération spontanée. C'était un attristant aveu d'impuissance! Il appartenait à un savant français qui a illustré notre patrie — j'ai nommé Pasteur — de montrer, il y a 30 ans à peine, l'inanité des anciennes théories; par ses belles expériences il a jeté à bas pour jamais les antiques idoles et a dessillé les yeux du monde savant, ouvrant largement aux chercheurs de tous les pays la voie féconde qui devait nous mener à la découverte des agents producteurs des maladies infectieuses et à la préparation des moyens appelés à les combattre. Je ne vous citerai parmi eux que le sérum antidiphtérique dont les avantages incontestés sont aujourd'hui universellement reconnus; la découverte de ce remède n'est cependant qu'une petite conséquence de la fertile méthode, qui dans un avenir plus ou moins rapproché nous mettra peut-être en garde contre toutes les grandes infections.

Permettez-moi de vous demander quelques minutes d'attention et de vous décrire rapidement une expérience fondamentale qui a modifié de fond en comble les idées généralement admises.

Pasteur prend un ballon de verre qu'il remplit d'eau sucrée contenant une certaine quantité d'albumine; il le bouche au liège et place à travers le bouchon un tube de verre qui communique avec un tube de platine porté au rouge. Il fait bouillir le liquide pendant quelques minutes et le laisse refroidir. La pression atmosphérique fait pénétrer l'air extérieur dans le ballon à mesure que celui-ci se refroidit et cet air ne peut y arriver qu'après avoir traversé le tube de platine incandescent. Il ferme ensuite à la lampe le tube de verre et porte le ballon dans une étuve à 30° où il peut rester des années entières sans qu'aucun trouble ne se manifeste dans son contenu. Celui-ci reste stérile, privé d'éléments vivants. Comme contre-expérience il prend le même ballon, rempli du même liquide, le fait bouillir comme précédemment et ne néglige qu'une chose, c'est de faire traverser le tube de platine porté au rouge à l'air qui se précipite dans son intérieur lors du refroidissement.

Il se place strictement, sauf cela, dans les conditions indiquées plus haut.

Or de nombreuses colonies microbiennes ne tardent pas à apparaître dans le liquide; elles le troublent, s'y nourrissent et y pullulent bientôt.

Quelle est donc la cause de ce phénomène? Ce sont, Mesdames, les germes contenus dans l'air atmosphérique qui n'étant plus détruits à leur passage dans le tube de platine porté au rouge arrivent dans le bouillon nutritif et y trouvant un milieu favorable à leur développement s'y multiplient aussitôt.

On remarqua plus tard qu'il suffisait de filtrer cet air à travers du coton stérile pour arrêter au passage tous les germes que l'on retrouve, du reste, emprisonnés dans le bouchon.

Si je vous ai décrit en détail ces deux expériences c'est que non seulement elles ont donné le coup de grâce à la théorie de la génération spontanée mais qu'elles ont été la base de toutes les études bactériologiques entreprises en tous pays depuis cette époque.

Que sont donc ces germes invisibles qui se développent aussi rapidement dans certains milieux nutritifs analogues à ceux que nous trouvons dans notre organisme? Ce sont, Mesdames, ces fameux microbes dont tout le monde cause à notre époque un peu à tort et à travers. C'est pour vous permettre de vous faire à leur sujet une idée juste que j'ai pensé qu'il ne serait pas inopportun de vous en dire aujourd'hui quelques mots.

Et tout d'abord quelques esprits railleurs jugent qu'il est de bon ton d'en rire, d'en plaisanter; ils sont trop au-dessus de ces infiniment petits pour les distinguer; ils les nient tout simplement; c'est plus facile, il est vrai, que de donner des preuves... demandez-leur s'ils ont pris quelque peine pour les étudier ; s'ils ont daigné non pas répéter les minutieuses expériences des chercheurs..... ce serait trop demander — mais simplement prendre connaissance des éléments de la question, ils vous riront au nez et vous auront en grande pitié ; nous la leur rendons largement et les renvoyons aux bancs de l'école.

Voyons maintenant ce que sont ces *microbes* comme on les appelle aujourd'hui.

Sont-ils des tard venus dans la nature ? N'existaient-ils pas autrefois ? — Non certes, car ils sont aussi vieux que le monde. Mais les anciens, qui ne voyaient qu'avec leurs yeux, instruments admirables, il est vrai, mais insuffisants pour déceler les plus gros de ces infiniment petits, les anciens, dis-je, ne pouvaient en aucune façon les apercevoir et à plus forte raison les étudier.

Il a fallu que les sciences physiques, se perfectionnant de jour en jour, arrivassent à produire le microscope simple et plus tard le composé ; il a fallu, en outre, que la chimie nous apportât des procédés capables de mettre en évidence, en les colorant, ces microbes transparents à l'état normal qui avaient, pour cette raison, échappé à l'attentive observation des histologistes les plus minutieux.

La découverte des différents procédés de culture a permis de les multiplier, de les isoler et de les étudier dans toutes leurs modalités protéiformes.

Je ne m'attarderai pas à vous décrire tous ceux qui encombrent en ce moment les traités de la bactériologie ; je vous dirai seulement que ce sont des infiniment petits, affectant tantôt la forme de petites sphè-

res simples ou réunies deux à deux, tantôt de bâton-
nets plus ou moins longs, plus ou moins épais ; que
les uns sont avides d'oxygène et ne peuvent vivre que
dans les milieux qui contiennent ce gaz, et que d'autres, au contraire, en ont horreur et sont tués par sa
présence. Les microbes qui sont au bas de l'échelle des
êtres vivants ont été classés par les naturalistes parmi
les champignons inférieurs. Quelques-uns sont doués
de mouvements, d'autres sont immobiles. Les uns
sont colorés ; mais la plupart sont incolores et transparents. Ils sont en général très sensibles aux influences extérieures et sont profondément modifiés dans
leur vitalité et leur façon d'être par les forces naturelles,
telle que la chaleur, la lumière, l'électricité, etc., etc.

Les milieux dans lesquels ils se trouvent ont également sur eux une influence considérable, quelques-
uns les tuent, d'autres activent leur évolution.

On a mis à profit ces connaissances pour la culture
des bactéries sur pommes de terre, sur agar, sur gé-
latine, dans les bouillons salins ou organiques et pour
la destruction de certaines espèces dans des milieux
appropriés, acides ou alcalins.

C'est ainsi qu'on a été amené à prescrire aux malades des remèdes qui ne sont autre chose que des éléments propres à empêcher le développement dans
notre organisme des bactéries malfaisantes qui l'ont
envahi.

Les microbes sont partout, dans l'air que nous res-
pirons, dans l'eau que nous buvons, dans les aliments
que nous ingérons. Ils existent à l'état normal dans
notre corps ; quelques-uns même sont indispensables
à l'accomplissement des fonctions de nos organes ;

d'autres nous sont indifférents et quelques-uns nuisibles.

On les trouve en abondance à la surface de notre peau et on n'en compte pas moins d'un million dans un gramme de matière fécale sortant du gros intestin.

Ces microbes sont saprophytes, hôtes sans importance, ou pathogènes, hôtes dangereux, générateurs des maladies infectieuses.

Les études modernes ont montré que les premiers arrivaient, souvent par suite des modifications du terrain, à se transformer eux-mêmes en pathogènes. C'est ainsi que l'on a prétendu que la fièvre typhoïde qui est due à un bacille spécial pouvait se créer d'emblée par les transformations successives du bacterium coli commune, hôte habituel et inoffensif de notre intestin.

Ce sont ces bacilles, ces microbes qui sont la cause première de nos grandes maladies ; ce sont eux qui produisent la tuberculose, la fièvre typhoïde, la diphtérie, la dysenterie, l'érysipèle, le charbon, la pneumonie, le tétanos, le choléra, etc., etc.

Vous voyez que leur domaine est vaste et qu'ils méritent largement l'attention que nous leur accordons aujourd'hui. Nous sommes entourés d'ennemis qui entrent à tout instant, dans la place, par les moindres fissures ; mais notre organisme assiégé se défend avec énergie. Presque toutes nos sécrétions : la salive, le suc gastrique, la bile, etc., etc., sont plus ou moins bactéricides, les globules blancs de notre sang sans cesse fabriqués par la rate, le foie, la moelle des os, le tissu conjonctif et les alvéoles pulmonaires, sont pour les bactéries de terribles ennemis. Celles-ci, sans cesse harcelées, entourées par des légions de phagocytes, sont mises bien vite hors de combat, absorbées et digérées. C'est ainsi qu'à tout instant et à notre insu, se livrent en nous de terribles batailles aboutissant la plupart du temps à la victoire de nos défenseurs. Quand pour une cause ou pour une autre, par suite de la diminution de nos moyens de résistance, ils viennent à être vaincus, nous sommes envahis par la bactérie pathogène. Nous n'avons plus alors qu'un seul allié, allié tacite et de hasard, allié tout à l'heure encore, logé dans le camp ennemi. C'est une bactérie jalouse, luttant contre sa puissante voisine. Nous sommes alors simples spectateurs du combat qui se livre en nous et dont nous sommes le prix. Notre intérêt nous fait souhaiter la mort de tous les combattants à quelque parti qu'ils appartiennent ou du moins l'affaiblissement du plus fort contre lequel nous serons encore armés. Si nous avons le dessous dans cette dernière lutte, nous aurons bien des chances pour devenir la proie du vainqueur. Celui-ci, non content de nous harceler sans cesse, sécrète des produits toxiques qui paralysent nos centres nerveux, jettent le trouble dans nos organes et éclaircissent rapidement les rangs de nos défenseurs.

Qu'une cause banale, refroidissement, surmenage, défaut d'aliments, etc., etc..., vienne à diminuer en ce moment notre énergie vitale, nous sommes définitivement vaincus et la maladie commence.

Au point de vue chirurgical, la connaissance de ces phénomènes n'a pas une moindre importance.

C'est encore Pasteur qui a montré que la suppuration était le fait d'un microbe et de cette admirable découverte est sortie tout armée la chirurgie antiseptique qui étonne encore par son audace et ses brillants succès.

Empêcher la suppuration, éloigner des plaies les infections microbiennes, tel est le but bien défini que nous ne devons plus perdre de vue. Il faut appliquer la méthode avec la dernière rigueur et, en toute circonstance, arriver à en suivre les règles minutieuses pour ainsi dire sans y penser et naturellement.

Je vous ai dit que les microbes sont partout, dans la terre, à la surface du sol, sur tous les objets qui nous environnent, sur les tentures et les papiers de nos chambres, dans les aliments, dans l'air et dans l'eau, sur nos vêtements et en nous-mêmes.

Ils fourmillent à la surface de notre peau et, dans toutes nos cavités, c'est vous dire que nous ne saurions prendre trop de précautions pour les empêcher d'envahir nos tissus et nos humeurs et de pénétrer en nous par la moindre solution de continuité à l'occasion d'une plaie insignifiante aussi bien que d'une large blessure. Je vous dirai dans la prochaine séance combien est grande l'importance du premier pansement ; mais je veux auparavant vous définir la valeur de deux mots que vous m'entendrez souvent prononcer.

On dit qu'un milieu est « aseptique » quand il est absolument privé de germes pathogènes ou autres, quand il est stérile. Mis à l'étuve à 30° et placé dans des conditions telles qu'il ne puisse être contaminé par des agents venant de l'extérieur, il ne donnera naissance à aucune colonie microbienne et pourra se conserver intact autant que l'on voudra.

Un milieu est antiseptique quand par sa composition même il s'oppose au développement de germes existants ou les tue.

L'aseptie absolue est rarement réalisée en pratique. Il semble tout d'abord que nous serions en droit de l'exiger dans tous les objets destinés à nous servir au pansement des blessures. Mais si bonne qu'en soit la préparation, si soigné qu'ait été fait le paquetage, il arrivera toujours que quelques germes contenus dans l'air les souilleront au moment même où ils seront employés.

Dans une des salles de l'hôpital de la Pitié on a trouvé 111000 de ces germes par mètre cube, de 20 à 40000 dans un amphithéâtre de l'école de médecine de Berlin, de 6000 à 10000 dans nos habitations, 850 dans les rues de Paris, 28 au faîte du Panthéon, 1 au sommet d'un glacier voisin de la mer de glace et 0 en ce dernier point. Nous ne pouvons guère espérer que nous aurons jamais la chance d'opérer dans des conditions d'aseptie absolue ; il faudra donc nous contenter d'une aseptie relative du milieu.

Nous chercherons par tous les moyens en notre pouvoir à obtenir l'aseptie du chirurgien et de ses aides, du malade, des instruments et des objets de pansements.

Si nous réalisons cette aseptie nous mettrons tous les atouts de notre côté et nous serons largement payés de notre peine par le succès.

Nous appellerons à nous, par surcroît de précaution, l'antiseptie qui nous aidera à tuer les germes qui auraient pu nous échapper ou du moins à arrêter leur développement et par suite leurs effets malfaisants sur l'évolution ultérieure de la plaie opératoire ou de la blessure.

Autrefois on ne concevait même pas l'existence d'une solution de continuité du tégument externe sans y associer tout naturellement l'idée de la fièvre. C'est qu'alors l'expérience montrait que toutes les plaies, sauf de rares exceptions, étaient compliquées d'hyperthermie.

La grande habileté des opérateurs venait se buter contre ce je ne sais quoi d'inconnu et de surnaturel qui paralysait leurs efforts et enlevait leurs malades sans cause apparente. C'était l'époque où de grands chirurgiens, vaincus par la malechance, voulaient fermer les portes de leurs salles, ne trouvant rien à opposer au cruel destin qui les poursuivait.

Pendant les grandes guerres de l'empire et même dans la première partie de ce siècle le plus grand nombre des amputés succombaient. On a même constaté un déchet allant jusqu'à 80 0 0 dans des services à la tête desquels étaient des hommes des plus habiles.

Le découragement menaçait de devenir général quand Lister, chirurgien anglais, mettant à profit les travaux récents de Pasteur, fit connaître en 1867 une méthode destinée à éviter sur les plaies l'action nocive des germes contenus dans l'air. Pour lui qui les soupçonnait plutôt qu'il ne les connaissait, ces germes voltigeant dans l'atmosphère étaient les seuls à craindre ; c'étaient eux la cause de tout le mal.

Quelle que soit la vérité scientifique de cette théorie trop exclusive, il n'en est pas moins vrai que c'est à ce moment que se leva l'aurore de l'ère nouvelle.

L'acte opératoire en lui-même était tout autrefois ; sans perdre son importance il passa dès lors au deuxième plan laissant presque tout le mérite du succès aux précautions infinies prises par le chirurgien pour éloigner toute cause de contage avant, pendant et après l'opération. Une amputation quand elle guérissait demandait des mois de traitement; aujourd'hui un amputé de jambe marche au bout de quinze jours. Il est vrai que je parle ici de la chirurgie d'hôpital et que nous ne retrouverons pas toujours les conditions favorables qu'elle nous offre au milieu des hasards de la guerre.

La suppuration est due au développement d'un champignon venu de l'extérieur. Il peut se rencontrer dans l'air, dans les objets de pansement, sur les instruments, sur les mains du chirurgien ou de ses aides et s'il arrive en contact avec la plaie, l'infection commence, entraînant après elle la fièvre, les phlegmons, les longues suppurations, les infections purulentes, la pourriture d'hôpital, etc., etc., et trop souvent la mort du malade ou la contagion de ses voisins.

Lister avait mis en honneur l'acide phénique, il l'employait en lavage ou en pulvérisation et en imbibait toutes les pièces de pansement dont le choix judicieux et la grande propreté lui assuraient des succès qui tenaient alors du prodige.

Cet acide est maintenant à peu près abandonné, à peine sert-il dans quelques affections telles que le furoncle et pour baigner les instruments qui viennent d'être aseptisés.

Depuis cette époque, la méthode a fait son chemin : bien des antiseptiques nouveaux ont été expérimentés, beaucoup n'ont pu passer au crible de l'expérience; quelques-uns sont restés debout et je ne vous parlerai que de ceux-là.

Pour tuer les germes, il y a bien des moyens parmi lesquels nous ne considérerons que la chaleur et les substances chimiques.

La chaleur est le moyen le plus simple et je dirai même le meilleur.

Elle est employée sous forme :

1° D'eau bouillante ;
2° De vapeur à sa tension habituelle à l'air libre, ou de vapeur sous pression ;
3° Et enfin d'air surchauffé.

Les substances chimiques employées dans le même but sont les divers antiseptiques que nous envisagerons ultérieurement.

Je me contenterai de vous signaler, en ce moment, les acides phénique, borique, salicylique, les sels de mercure et entre autres le chlorure mercurique ou sublimé corrosif, l'iodoforme, le salol, etc., etc.

Notre but ne sera point de tuer tous les germes possibles, car nous n'y arriverions point. Je vous ai dit plus haut qu'il y avait, en se plaçant à notre point de vue tout spécial, deux sortes de microbes, les bactéries inoffensives et les bactéries pathogènes.

Les premières n'ont qu'une importance en général très négligeable ; ce sont elles qui constituent la majeure partie des infiniment petits qui se meuvent dans le rayon de soleil que vous apercevez dans vos appartements. Notre ennemie, c'est la bactérie pathogène, celle qui crée la suppuration, l'érysipèle et la septicémie. A celle-là nous déclarerons une guerre sans merci, nous la poursuivrons partout et toujours et nous ven-

gerons les siècles passés en prenant sur elle une écla-
tante revanche.

Il est trop tard, Mesdames, pour aborder aujour-
d'hui l'étude des moyens qu'il convient de mettre en
œuvre pour vous assurer la victoire, leur description
fera l'objet de la prochaine conférence.

Dr F. BERNARD.

Dijon, 8 février 1895.

QUATRIÈME CONFÉRENCE

Mesdames,

Dans la dernière séance nous avons vu que la tardive guérison des plaies, que la suppuration, ou, pour mieux dire, l'infection était due à la présence de bactéries venues de l'extérieur, à leur pullulation et aux toxines qu'elles sécrètent.

Nous avons étudié d'une manière générale ce que sont les microbes ; nous avons déterminé la place qu'il convient de leur assigner dans l'échelle des êtres vivants, nous avons passé en revue leurs formes, leurs manières d'être, leurs modes de reproduction, les milieux qui leur conviennent et ceux qui leur sont contraires ; enfin nous avons franchement déclaré la guerre à la bactérie pathogène que nous risquons de rencontrer partout et en toutes circonstances.

Grâce aux pratiques rigoureuses de l'asepsie et de l'antisepsie, nous arriverons, non sans peine, à la détruire sur place, mais souvenons-nous que le moindre oubli, la moindre inattention nous livreraient à elle pieds et poings liés et que seuls nous serions respon-

sables de tous les maux qui, par notre faute, retombe-
raient sur les malheureux blessés confiés à nos soins.

« Primum non nocere » « tout d'abord ne pas
nuire. » Tel est le grand principe qui sera toujours
notre premier guide ; nous chercherons ensuite à faire
bien pour guérir vite.

Je ne vous parlerai pas des premiers secours à donner aux blessés sur le champ de bataille ; c'est l'affaire
des infirmiers et des brancardiers militaires ; vous
n'aurez jamais à opérer que dans des hôpitaux, des
ambulances fixes ou des infirmeries ; nous n'envisagerons donc ici que le rôle spécial que vous pourrez être
appelées à y jouer et la présente leçon sera entièrement consacrée à la description de la technique actuellement en usage pour obtenir l'aseptie et l'antiseptie :

de l'opérateur et de ses aides ;
du malade ;
du matériel de pansement et de ses acces-
soires.

Autrefois, le chirurgien qui avait pris la précaution
de se laver les mains avant d'entreprendre une opération, croyait avoir fait largement tout ce qu'il devait à
son malade.

Au début de la période antiseptique on exigea qu'il
se les trempât dans une solution phéniquée faible à
2 ou 3 0/0.

Je vous ai dit que les microbes fourmillent à la surface de notre peau, ils sont cachés dans les moindres
replis, sous les ongles, dans les sillons qui les bordent,
dans l'intérieur des petites glandes sébacées ou sudo-
ripares, le long des poils sur lesquels ils forment de

véritables colonies, sous les squames épidermiques, dans l'enduit graisseux qui lubrifie la peau, partout enfin le microscope décèle leur présence.

Vous dire qu'ils résistent énergiquement à l'action des solutions antiseptiques, c'est vous montrer d'emblée l'insuffisance des anciens procédés de nettoyage.

Avant toute intervention, le chirurgien et ses aides feront leur toilette — leur toilette antiseptique.

Ils se dépouilleront de leurs vêtements de ville et revêtiront la blouse à manche courte ou les tabliers stérilisés à l'étuve : ils auront les mains et les avant-bras nus.

Après les avoir lavés, au savon ordinaire ou mieux au savon antiseptique en usage dans les formations sanitaires, ils procéderont à un brossage énergique de plusieurs minutes dans l'eau très chaude.

Ils nettoieront à fond, au moyen de pointes métalliques stérilisées par la chaleur, le dessous des ongles, le rebord unguéal et tous les replis qui pourraient servir de refuge aux bactéries.

L'essuyage sera fait non pas avec un essuie-mains vulgaire mais avec des compresses de gaze stérilisée.

La peau sera ensuite lavée à l'alcool à 80° ou si elle est très souillée, à l'éther qui dissout les matières grasses.

Un dernier lavage avec une solution de sublimé à 1 1000 terminera la toilette.

Les mains pourront être essuyées alors avec des compresses stériles ou mieux rester humides.

Cette toilette sera faite non seulement avant l'opération, mais encore après — car il importe qu'aucun germe pathogène ne reste adhérent aux mains de ceux qui approchent à tout instant des opérés.

Vous voyez, mesdames, que la propreté chirurgicale diffère absolument de la propreté ordinaire.

Le malade sera désinfecté comme le chirurgien.

Si rien ne s'y oppose, on lui fera prendre un bain alcalin (cristaux de soude) ; la peau avoisinant la région sur laquelle portera l'intervention sera rasée — lavée à l'eau chaude au savon et à la brosse, lavée ensuite à l'alcool et à l'éther et essuyée enfin avec des compresses de gaze stérilisée.

La blessure pendant ce temps-là sera recouverte de compresses imbibées de solutions antiseptiques.

Si l'opération doit intéresser les muqueuses, on les lavera avec de l'eau bouillie — de l'eau boriquée ou une solution de permanganate de potasse, les autres antiseptiques seront proscrits à cause de l'irritation qu'ils ne manqueraient pas de déterminer.

On frottera les surfaces au moyen du doigt pour les débarrasser des dépôts adhérents, on essuiera enfin avec des tampons de gaze stérilisée ou d'ouate hydrophile passée à l'étuve.

Il va sans dire que cette façon de faire n'empêchera pas de mettre en pratique les mesures qu'il est d'usage de prendre avant toute opération importante. Ainsi le malade sera à jeun pour éviter les vomissements que pourrait provoquer le chloroforme, — l'intestin sera évacué, etc., etc.

Les linges qui serviront à l'essuyage seront non pas tirés directement de la lingerie, mais de l'étuve chauffée au gaz qui doit se trouver dans toute salle d'opération.

L'achat des savons mérite quelque attention. On devra imposer au fournisseur la livraison de savons préparés à chaud car ceux-là seuls sont exempts de germes. — Ils pourront être préparés à l'acide borique ou à toute autre substance antiseptique.

Les brosses seront l'objet du plus grand soin, elles devraient, pour bien faire, être neuves. On pourra cependant les utiliser pendant un certain temps à la seule condition de les nettoyer à fond après chaque usage, à l'eau bouillante contenant des cristaux de soude et de les conserver dans un liquide antiseptique, solution de sublimé à 1 1000 par exemple souvent renouvelée.

Avant de s'en servir on devra toujours les faire bouillir pendant quelques minutes.

Les instruments seront choisis à l'avance, sortis des armoires où ils reposent sur des plaques de verre et nettoyés à fond au savon et à la brosse. Ils seront ensuite lavés à l'alcool et plongés dans une solution de carbonate de soude qui sera maintenue pendant dix minutes à l'ébullition.

Les instruments que l'on construit actuellement sont tout entier métalliques et supportent parfaitement le bouillissage. Ceux qui ont encore des manches en bois collés à la cire seraient détériorés par cette opération ; on insistera davantage sur le nettoyage mécanique surtout si le bois est quadrillé et on les brossera énergiquement dans des solutions antiseptiques fortes — acide phénique à 5 0 0.

Quand les instruments seront stérilisés on les retirera du récipient et de la lessive de soude au moyen d'une pince également stérile. On les plongera dans les bassins métalliques de la table mobile préalablement stérilisés et contenant une solution phéniquée à 1 0/0. Cette solution est à la vérité insuffisante pour tuer les germes, il est cependant préférable d'en faire usage plutôt que de laisser les instruments à l'air libre où ils pourraient être plus facilement contaminés par les poussières.

Des plateaux séparés recevront les instruments qui ont déjà servi si ces derniers doivent être encore employés au cours de l'opération, ils seront à nouveau plongés dans la solution sodique bouillante à 1 0/0.

Cette stérilisation pourra s'effectuer presque en toutes circonstances ; partout en effet vous trouverez une poissonnière et des cristaux de soude. L'eau de cuivre pourrait être également utilisée, à son défaut vous emploierez l'eau ordinaire additionnée de sel de cuisine, vous en serez quitte en faisant durer le bouillissage quelques instants de plus.

Enfin une dernière ressource nous reste ; dans une cuvette à fond plat vous verserez un peu d'alcool à 90° et vous y mettrez le feu. Tous les germes seront détruits.

Placez alors les instruments dans cette cuvette, arrosez-les légèrement d'alcool et allumez ; la stérilisation sera ainsi assurée.

Ce moyen est souvent mis en usage lorsque le chirurgien, pour ouvrir un abcès, par exemple, au cours de sa visite, n'a besoin que d'un bistouri ou d'une sonde cannelée.

Je ne vous ai parlé que du bouillissage pour la désinfection des instruments ; d'autres moyens peuvent encore être employés mais comme ils demandent une installation assez compliquée et un temps considérable, je ne ferai que vous les citer sans insister davantage.

Ce sont : la stérilisation par la vapeur à sa tension normale ou sous pression et la stérilisation par l'air chaud (étuve à 180°).

Au cours de l'opération le chirurgien et les aides tremperont fréquemment leurs mains dans des solutions antiseptiques ; le travail de chacun sera bien déterminé à l'avance et sous aucun prétexte celui qui touche au malade et aux instruments ne portera les mains sur les meubles, les bocaux, le poêle, le seau ou les bassins, etc., etc. Des aides spéciaux doivent être chargés de cette besogne.

En même temps que les instruments, les objets qui devront servir aux sutures ou aux ligatures seront tirés de l'armoire. Les tubes à drainage ou les dévidoirs Forgues contenant la soie seront bouillis ou stérilisés à l'étuve. Les fils de catgut si dangereux quelquefois seront l'objet de soins tout particuliers, enfin les fils métalliques seront bouillis ou rougis à la flamme de l'alcool.

Les plaies ne seront jamais lavées à l'eau ordinaire qui contient un nombre très considérable de germes. Toutes les salles d'opérations sont munies de robinets à eau froide et chaude ayant bouilli et de grands bocaux de verre contenant des solutions antiseptiques aux acides borique et phénique et au sublimé. Ces solutions sont diversement colorées de façon à éviter toute erreur.

Les récipients qui contiendront les liquides de lavage seront eux-mêmes stérilisés. L'embout terminal du caoutchouc sera toujours muni d'un morceau de tube à drainage qui sera jeté après avoir servi. Le sang sera étanché au moyen de tampons de gaze ou de tourbe entourée de gaze stérilisée.

Quant à la salle d'opérations en elle-même elle aura été mise dans le plus grand état de propreté — chirurgicalement parlant — et on aura laissé l'air s'y reposer et déposer ses poussières pendant deux heures au moins avant d'y faire entrer le malade.

Le sol doit en être imperméable et disposé de façon à éviter la stagnation des liquides ; les murs seront revêtus d'un enduit permettant le lavage au moyen de solutions antiseptiques ; dans la construction on aura soin d'éviter les coins qui pourraient servir de nids aux microbes, de faire en sorte que la lumière pénètre partout et largement.

La salle sera du reste munie de tous les objets nécessaires, seaux, bassins, caisse imperméable pour le linge souillé, etc., etc. Quant au lit d'opérations, il sera préalablement nettoyé à fond et garni de linges aseptiques.

Le beau temps du linge cératé, de la charpie et de l'infection purulente est heureusement fini : notre matériel de pansement est constitué d'après les données modernes, les boîtes de chirurgie nouveau modèle sont construites en métal nickelé et supportent le bouillissage.

Il est regrettable que, même pour des questions de cette importance, on doive dans notre riche pays compter avec les exigences budgétaires. Notre arsenal chirurgical, qui paraissait excellent il y a peu d'années, est loin de remplir toutes les conditions désirables. Les boîtes préparées en vue de la guerre sont encore garnies de molleton ou de basane ; les manches de nos instruments sont encore de bois — quelques-uns même quadrillés — la lame et le manche sont pièces différentes collées à la résine ou à la colle forte, toutes conditions qui s'opposent aux pratiques habituelles de la méthode antiseptique. Espérons que le jour est proche où la septième Direction (1), qui a déjà tant fait dans la voie du progrès, pourra obtenir les crédits nécessaires à cette importante transformation.

Dans la salle d'opérations, tout sera préparé à l'avance pour le pansement.

Dans de grands bocaux de verre seront placés les tampons destinés à éponger le sang. Ces tampons seront constitués par du coton hydrophile ou de la tourbe entourée de gaze stérilisée à l'étuve. On aura soin de n'ouvrir le bocal que le temps nécessaire pour prendre les tampons. L'aide chargé de ce soin les prendra avec les mains aseptisées ou avec une pince préalablement bouillie et flambée.

On ne se servira jamais d'éponges que l'on ne peut stériliser. La gaze, le coton ordinaire et le coton hydrophile stérilisés préalablement à l'étuve seront également inclus dans des bocaux de verre. Ils ne seront en tous cas touchés qu'au moment même où ils devront être utilisés.

Si l'on doit employer de la gaze iodoformée, elle sera préparée fraîchement avec de la gaze stérilisée humide et de l'iodoforme sec également privé de germes. En attendant son utilisation, elle sera renfermée dans des bocaux de verre préalablement désinfectés et lavés à l'eau bouillie.

(1) Direction du Service de Santé au Ministère de la Guerre.

Le tissu imperméable sera conservé dans les mêmes conditions.

On peut se servir au lieu de bocaux en verre de boîtes en fer blanc sans soudure qui pourront supporter le séjour de l'étuve. Les objets de pansement ainsi que tous les linges qui approcheront le blessé y seront placés et soumis pendant trois quarts d'heure à l'action de l'air surchauffé ou de la vapeur à sa tension normale ou mieux sous pression.

Dans ce dernier cas, il y aura lieu de sécher ensuite tous ces objets à l'étuve à air sec.

D'après tout ce qui précède, vous voyez que ce qu'il faut surtout éviter ce n'est pas précisément le contact de l'air mais celui des objets de toute nature sur lesquels se déposent les microbes.

Autrefois, si les résultats de la chirurgie étaient si mauvais c'est que l'infection se transmettait presque fatalement à toutes les plaies, de là la suppuration, la fièvre, la pourriture d'hôpital, la septicémie, etc.

Les instruments, les objets de pansement et les mains des panseurs étaient les véhicules du germe infectieux.

Quelques chirurgiens, frappés de la haute mortalité qu'on observait même dans le service des maîtres, essayèrent de traiter les plaies en plein air.

Vous savez que de nombreuses bactéries se meuvent constamment dans ces milieux, mais que peu d'entre elles sont pathogènes ; elles se déposaient, il est vrai, à la surface des plaies et les infectaient bien certainement, mais si grande était l'infection des objets de pansements d'alors que les guérisons étaient infiniment plus nombreuses dans les services où l'on traitait les plaies à l'air libre que dans ceux où l'on enfermait le loup dans la bergerie, sous de classiques tours de bandes.

Vous avez entendu parler d'une méthode qui consiste à traiter les plaies sous l'eau ou du moins à les irriguer constamment par des liquides plus ou moins antiseptiques. Il n'y a aucun avantage à retirer de cette pratique, on entrave ainsi les réunions sans obtenir du reste l'aseptie car le titre des liquides que l'on peut employer est insuffisant pour tuer les germes pathogènes.

Lister employait pendant les opérations et au moment du renouvellement des pansements des pulvérisations d'eau phéniquée — le spray — on a reconnu depuis que cette façon de faire ne donnait aucune garantie, aussi est-elle abandonnée.

Les plaies seront donc abritées par un pansement.

Sera-t-il sec ou humide ?

Le pansement sec est certainement le meilleur, il absorbe tous les liquides et par sa sécheresse même constitue pour les micro-organismes un milieu défavorable à leur développement.

Ce pansement peut être composé des éléments suivants :

> Gaze iodoformée en contact direct avec la plaie ;
> Coton hydrophile ou ouate de tourbe ;
> Coton ordinaire en grande abondance dépassant largement les limites de la blessure ;
> Bandes de gaze stérilisée.

Il va sans dire que les moyens de drainage nécessaires à l'écoulement des liquides auront été placés où il convient par le chirurgien en même temps que les sutures.

L'efficacité de ce pansement pourra être renforcée par l'adjonction de substances antiseptiques aux matières qui les composent. Ainsi celles-ci pourront avoir été traitées préalablement au moyen d'une solution de sublimé à 1 0/0 par exemple.

Il faudra le laisser en place le plus longtemps possible, car chaque fois qu'on le renouvelle on ouvre la porte à l'infection. Si rien d'insolite ne se montre, il pourra être maintenu jusqu'à la guérison ; si des drains ont été placés, s'il y a des sutures à enlever, le pansement sera refait entre le septième et le dixième jour ; la guérison sera obtenue sous le deuxième pansement.

Si l'on remarque qu'il est fortement imbibé de liquide, qu'il présente de l'odeur, que le malade accuse de la douleur au niveau de la plaie ou dans les régions voisines, s'il a de la fièvre à partir du deuxième jour c'est qu'il y a infection, il faut alors lever le pansement au plus vite.

Je vous ai dit que le pansement sec et rare était le meilleur ; cela est vrai à la seule condition que nous soyons absolument certains de son aseptie. Si nous ne croyons pas pouvoir nous y fier d'une façon absolue, c'est le pansement humide que nous emploierons et le plus souvent un pansement qui tiendra de l'un et de l'autre.

Ainsi il pourra être constitué comme il suit :

1° Poudre d'iodoforme ou gaze iodoformée sèche ;
2° Une dizaine de doubles de gaze stérilisée trempée dans la solution de sublimé à 1/1000 (Van Swiéten) et bien exprimée ;

3º Gâteaux de coton hydrophile, traités de même ;

4º Tissu imperméable ;

5º Coton ordinaire de grande abondance ;

6º Bande de gaze trempée dans la solution antiseptique et bien exprimée.

Cette bande peut être remplacée par une bande de toile passée à l'étuve et bichlorurée.

Ce pansement sera celui que vous ferez d'ordinaire, il répond à toutes les exigences.

Il sera forcément moins absorbant que le pansement sec ; aussi sera-t-il changé plus souvent. Il pourra cependant chez un amputé rester six à sept jours en place. Dans les cas habituels il sera bon de le changer tous les trois ou quatre jours.

Il va sans dire qu'il le sera d'urgence chaque fois que vous constaterez une menace d'infection.

Je ne veux pas encombrer votre mémoire en vous énumérant toutes les substances antiseptiques qui ont été préconisées. Je ne vous en citerai que quelques-unes, mais souvenez-vous toujours que l'eau salée bouillie dans un vase bien propre est stérile et peut toujours être employée à défaut de solutions antiseptiques. Celles-ci, du reste, seront préparées à l'eau distillée ou à l'eau bouillie.

a). — La solution qui vous rendra le plus de service est la solution de Van Swieten, autrement dit, la solution de sublimé, ou, si vous aimez mieux, de bichlorure de mercure. Elle contient :

1 gr. Sublimé.

100 Alcool.

1000 Eau.

On peut supprimer l'alcool et aider à la solution du sel de mercure en ajoutant par litre 1 gr. de chlorure de sodium ou sel de cuisine. L'addition d'un gramme d'acide tartrique ou chlorhydrique par litre augmente notablement le pouvoir désinfectant.

Cette dernière observation s'applique également aux solutions phéniquées. Toutes ces solutions, étant toxiques, ne seront jamais contenues dans des bouteilles à vin qui pourraient prêter à une méprise. Elles seront renfermées dans des flacons en verre coloré entourés d'une bande rouge sur laquelle on inscrira d'une façon bien apparente le mot « poison ».

Ces solutions seront dans le même but teintées en rose ou en bleu par les couleurs d'aniline.

β). — Les solutions phéniquées qui ont joui pendant un certain temps d'une réputation considérable sont un peu délaissées maintenant. Comme l'acide phénique jouit d'une affinité très remarquable pour la peau dont il pénètre les éléments, il est encore employé dans le pansement des furoncles par exemple. Mais il convient de suivre de très près son action qui est quelquefois mortifiante même à un faible titre. On a observé des accidents de cette nature principalement aux doigts à la suite d'application de pansements imbibés d'une solution à 1/100 par exemple. Je vous ai dit que la solution d'acide phénique à 1 100 est employée pour remplir les cuvettes dans lesquelles baignent les instruments après le bouillissage.

La solution phéniquée forte à 5 0/0 sert à cautériser la surface des plaies dont l'aseptie est douteuse.

γ). — La solution de chlorure de zinc de 5 à

10 0/0 est employée dans le même but et comme es-
charotique.

δ). — L'acide borique est d'un usage courant. Il
en faut 40 gr. pour un litre d'eau bouillie. A cette
dose, la solution est saturée et il reste même au fond
du flacon un excès d'acide non dissous qui est sans inconvénient.

Ces solutions ne sont pas irritantes et sont employées chaque fois que l'on a affaire à un tégument
très sensible. Il est l'antiseptique de choix des muqueuses, il peut être avalé sans inconvénient car il n'est
pas toxique, aussi fait-il la base de presque tous les
collutoires et gargarismes. Il doit être sur toutes les
tables de toilette.

ε). — L'acide salicylique mérite également d'être
cité, il est employé aux mêmes doses que l'acide phénique, n'a aucune odeur, n'est pas toxique et jouit de
propriétés antiseptiques très réelles.

ζ). — Les solutions de permanganate de potasse
à 1 gr. et moins par litre sont employées chaque fois
que l'on veut désodoriser une plaie.

Dans les pansements secs on emploie des poudres.

Je vous citerai, parmi elles, l'iodoforme, le salol, le
naphtol, le sous-nitrate de bismuth, le talc, le charbon, le camphre, le quinquina, etc., etc.

Elles ne prêtent, du reste, à aucune considération
importante.

La gaze iodoformée, dont je vous ai conseillé l'emploie, se trouve toute préparée dans le commerce, ainsi
que les cotons boriqué, phéniqué, salicylé, etc. Mais
l'on ne peut avoir une confiance absolue dans l'aseptie de ces pansements et d'un autre côté les substan-

ces antiseptiques qui leur sont incorporées ou bien s'évaporent ou bien se transforment à la longue.

Ces cotons seront donc par précaution passés à l'étuve. Quant à la gaze iodoformée elle sera préparée extemporanément.

On a conseillé de la préparer en imbibant la gaze aseptique d'éther iodoformé ou en la saupoudrant d'iodoforme après l'avoir imprégnée de glycérine. Il se produit dans les deux cas des altérations assez rapides qui jettent le discrédit sur ces procédés. Le meilleur moyen est d'employer de la gaze aseptique humidifiée par la vapeur d'eau et d'incorporer de la poudre impalpable d'iodoforme au moyen de percussions opérées par un tampon de gaze stérilisée recouvert de poudre d'iodoforme.

L'iodoforme, dont la valeur antiseptique est incontestable, a le grand inconvénient d'avoir une odeur fort désagréable ; nous passons en général sur cela On peut cependant y remédier en ajoutant du camphre et du charbon pulvérisé.

Bien des substances sont encore employées dans le traitement des plaies, teinture d'iode, solution de nitrate d'argent, collodion, vaseline simple, boriquée ou iodoformée, et il faudrait vous étaler tout le formulaire pour vous les décrire toutes.

Je me suis contenté, Mesdames, de vous parler de celles que vous aurez le plus souvent à employer ; vous connaissez la manière de les utiliser, à vous d'en tirer profit à l'occasion pour le plus grand bien de nos blessés.

Je dois interrompre ici la série de ces conférences

que j'aurais eu le plus grand plaisir à poursuivre en prenant tout le temps nécessaire.

Comme vous le savez, j'ai sollicité l'honneur d'aller servir la France à Madagascar et M. le Ministre de la guerre a bien voulu me confier la direction du service médical d'un bataillon du 200e régiment. Je laisse donc à mes camarades le soin de continuer l'œuvre entreprise et je vous fais mes adieux.

Dr F. Bernard.

8 mars 1895.

DIJON. — IMPRIMERIE DARANTIERE, RUE CHABOT-CHARNY, 65